BEI GRIN MACHT SICH IHR WISSEN BEZAHLT

- Wir veröffentlichen Ihre Hausarbeit, Bachelor- und Masterarbeit

- Ihr eigenes eBook und Buch - weltweit in allen wichtigen Shops

- Verdienen Sie an jedem Verkauf

Jetzt bei www.GRIN.com hochladen und kostenlos publizieren

Bibliografische Information der Deutschen Nationalbibliothek:

Die Deutsche Bibliothek verzeichnet diese Publikation in der Deutschen National-bibliografie; detaillierte bibliografische Daten sind im Internet über http://dnb.d-nb.de/ abrufbar.

Impressum:

Copyright © 2017 GRIN Verlag, Open Publishing GmbH
Druck und Bindung: Books on Demand GmbH, Norderstedt Germany
ISBN: 9783668454347

Dieses Buch bei GRIN:

http://www.grin.com/de/e-book/366119/der-daf-unterricht-in-algerien-eine-diachro-nische-studie

Abdelkader Behilil

Der DaF-Unterricht in Algerien. Eine diachronische Studie

GRIN Verlag

GRIN - Your knowledge has value

Der GRIN Verlag publiziert seit 1998 wissenschaftliche Arbeiten von Studenten, Hochschullehrern und anderen Akademikern als eBook und gedrucktes Buch. Die Verlagswebsite www.grin.com ist die ideale Plattform zur Veröffentlichung von Hausarbeiten, Abschlussarbeiten, wissenschaftlichen Aufsätzen, Dissertationen und Fachbüchern.

Besuchen Sie uns im Internet:

http://www.grin.com/

http://www.facebook.com/grincom

http://www.twitter.com/grin_com

Diachronische Studie des Daf-Unterrichts in Algerien

Im Folgenden soll ein Überblick über die Lage des Deutschunterrichts an den Universitäten Algeriens dargestellt werden. Es muss vorausgeschickt werden, dass bis heute nur drei Universitäten über diese Studienrichtung verfügen: Algier, Oran und Sidi Bel Abbes (man begann Deutsch an der Universität von Sidi Bel Abbes seit dem Jahre 2008).

Entstehung und Entwicklung :

Es lassen sich vier Etappen im Deutschstudium an den algerischen Universitäten unterscheiden:

1. Etappe : 1962-1971 von der Unabhängigkeit bis zur Universitätsreform
2. Etappe : 1971-1986 Lizenzstudium in 3 Jahren (in 6 Semester eingeteilt) nach einem Modulsystem[1]
3. Etappe : von 1986 bis heute, Verlängerung der Lizenz auf 4 Jahre (Jahressystem und Abschaffung des Modulssystems)
4. Etappe ab 2006 LMD-System (**LI**zenz-**M**aster-**D**oktorgrad-System, das noch mal in Semestern eingeteilt ist) und Beginn der Abschaffung des alten classique-Systems.

Seit 1971/72 heißt es « Licence d'enseignement » (Lehrerausbildung).

Die Übersetzerausbildung wurde in einem engenen Dolmetscher-und Übersetzerinstitut 1971 in Algier und in einer Übersetzeabteilung 1984 in Oran getrennt durchgeführt. Seit der Universitätsreform im Jahre 1971 wird der Unterricht am Fremdspracheninstitut in der jeweiligen Sprache abgehalten. Früher war es in französischer Sprache. (Das Problem der Reduzierung der jeweiligen Sprache wird sich wiederstellen mit der Einführung der neuen Reform (1998-1999), da im ersten und im zweiten Studienjahr ein Grundkurs « Tronc commun » geschaffen wird mit vorwiegender arabischer Sprache und nur viereinhalb Stunden Deutsch/wöchentlich, geteilt in : Schriflicher Ausdruck eine Stunde 30 Minuten, mündlicher Ausdruck eine Stunde 30 Minuten,Grammatik eine Stunde 30 Minuten auch. Diese Reform wird auch in der Universität Algier durchgeführt).

Die Studenten ersten Studienjahres sollen daher schon eine gründliche sprachliche Ausbildung aus dem Gymnasium mitbringen, was nicht immer der Fall ist.
Diese schon im Gymnasium erworbenen Sprachkenntnisse werden im 1. Studienjahr gefestigt und erweitert. Im 2. Studienjahr muss der Student fähig sein, Fachvorlesungen auf Deutsch zu verstehen und sich in den einzelnen Disziplinen schriftlich und mündlich in korrekter deutscher Sprache auszudrücken. Um diesen Übergang Spracherlernung zum Fachunterricht zu erleichtern, sind bereits im 1. Studienjahr Einführungsvorlesungen in Literatur, Landeskunde und Linguistik geplant. Dieses soll denn heißen: deutsch ist die Unterrichtssprache.
In den ersten drei Studienjahren gibt es reinen Sprachunterricht und dazu:

---

[1] Nähere Informationen in : Das Germanistikstudium an der Universität Algier, Erika Oubouzar, DAAD-Materialien a.a.O., S.29ff

1

- Spezielle Fachveranstaltungen in Form von Vorlesungen und Seminaren in Linguistik, Literatur und Landeskunde ab dem zweiten Studienjahr.
- Spezielle pädagogische Ausbildung für die Studenten im 4. Studienjahr, nämlich Didaktik, Psychopädagogik, Unterrichtspraktikum (Stage) in den Gymnasien. Neben diesen Fächern in deutscher Sprache haben die Studenten auch Fächer in Arabisch (Linguistik, Literatur und Kultur) und darüber hinaus sollen die Studenten eine zweite Fremdsprache (entweder Spanisch oder Russisch, Französisch haben sie schon ab der Grundschule gelernt und Englisch ab der Mittelstufe)wählen.
- Eine Abschlussarbeit (Mémoire) in einem der unterrichteten Fächer ist im 4. Studienjahr vorgesehen und gilt als das erste selbständige wissenschaftliche Arbeiten.

Nach dem Lizenzdiplom besteht die Möglichkeit eines post-gradualen Studiums. In Oran bestand schon vier Magisterseminare Didaktik DaF, Imagologie, Sprachwissenschaft und Literatur. Die Eröffnung eines Magisterstudiums ist heute möglich nur im Rahmen einer Doktorschule möglich. Im Jahre 2008, 2010 und 2013 wurde ein Magister in Oran in der **Fachsprache** eröffnet. An der Uni. Algier wurde kein Magister geleitet aus Mangel an qualifizierten Lehrkräften: All die Dozenten von den beiden Universitäten Algier und Sidi Bel Abbes sind in Oran ausgebildet und erst Ende letzten Jahres 2013 wurde ein Magister im Fach Linguistik eröffnet.

Hier eine Tabelle der Lehrkörpers an den drei Universitäten:

	Professor	Dozenten mit Doktorgrad	Lehrbeauftragte mit Magistergrad
Uni. Oran	6	9	17
Uni. Algier	1	4	7
Uni. Sidi Bel Abbes	0	2	7

Es gibt eine andre Gruppe des Lehrkörpers, die nicht in der Tabelle genannt ist und heißt „Enseignants associés" : Es sind die Studenten der Magisterausbildung und die Doktoranden, die drei Stunden unterrichten müssen und bildet die Mehrheit.

Noch bis 1986 kamen nach Algier und Oran DAAD-Lektoren bzw. Gastdozenten aus Deutschland, die dazu beigetragen haben, das Bildungsniveau zu erhöhen. Erst ab dem Jahre 2007 begannen DAAD-Lektoren sowie Sprachassistenten nach Oran/Algier/Sidi Bel Abbes wieder zu kommen, sowie kommen auch Praktikanten aus Österreich nach Oran im Rahmen eines Vertrages zwischen der Universität Oran und der Universität Wien für eine Zeitdauer von sechs Monaten.

Der „Dialogpunkt Deutsch Oran" hat in Zusammenarbeit mit dem Goethe Institut seine Türen am 14 November 2005 geöffnet. Er vermittelt Informationen zu aktuellen Aspekten des kulturellen, gesellschaftlichen und politischen Lebens in Deutschland. Er bietet Nachschlagewerke und Medien für alle, die sich für Deutschland interessieren oder die Deutsch lernen oder lehren wollen.

IM "Dialogpunkt Deutsch Oran" findet man:

- Nachschlagewerke, unterschiedliche Themen (Naturwissenschaft, Literatur, Kunst, Sprache, Geographie, Geschichte, Philosophie, Religion, Soziologie und Psychologie).
- Eine Wahl von deutschen Romanen.
- Übersetzung einiger deutschen Romane ins Arabische.

- Illustrierte Bücher über deutsche Städte und Landschaften.
- Eine Sammlung "Allemand comme langue étrangère DaF".
- Eine Büchersammlung über die Kinder-und Jugendliteratur.
- DVD-und VHS-Filme.
- CDs.
- 4 PC.
- 1 Fernseher.

Aber trotzdem sind wir in Oran nicht besser ausgestattet, es fehlt uns noch die Dokumentation für die Realisierung des Lizenz- und Masterprogramms und schon gar nichts im Bereich des Magisters. Es bleibt dann eine Eigeninitiative des Magisterleiters oder des Doktorvaters, eine oft belastende Aufgabe, den Kandidaten neuere Materialien zur Verfügung zu stellen.

Durch die Abschaffung der deutschen Sprache als Fremdsprache in der Mittelschule und durch ihren Status im Gymnasium (2. Stunden/Woche und nur ab dem 2. Schuljahr) sinkt das sprachliche Niveau der Studenten beträchtlich und es ist schwierig, sie im 1. Studienjahr sowie zu bringen, dass sie im 2. und im 3. Studienjahr Fachvorlesungen folgen können.
Der verminderte Deutschunterricht an den algerischen Schulen bedeutet andererseits geringere Berufschancen unserer Absolventen.
Dieses Berufsproblem ist Grund dafür, dass sich kaum Studenten spontan und wohlmotiviert für das Germanistikstudium einschreiben: (Im Jahre 1992 hatten wir nur einen Studenten; im Jahre 1993 kein Student mehr; im Jahre 1994 und 1995 nur fünf Studenten)
Trotzdem wächst die Zahl der neune Studenten fast jährlich an (dieses Jahr ca. 900 Studenten nur an der Universität Oran eingeschrieben).

Diese Situation mag paradox erscheinen. Mehr die Hälfte der Studenten hat die deutsche Sprache nie gelernt. Sie fangen bei uns ab initio an. Es ist auf die Art „Numerus Klausus" zurückzuführen.
Der Abiturient hat vor seiner Immatrikulation unter mehr als 15 Studienrichtungen zu wählen, gemäß seinen Interessen, gemäß seinem Wunsch. Ausschlagegebend bleiben vor allem seine Abiturnoten (Gesamt- und Fächerdurchschnitt).
Die Abiturienten mit den besten Durchschnitten haben freien Zugang zu den gefragten Studien wie Medizin, Informatik, Jura, Architektur... Die Anderen mit den schwächeren Noten, manchmal auch unter dem Durchschnitt, werden zu den Humanwissenschaften orientiert: Philosophie, Geschichte, Soziologie, arabische Sprache und Literatur, Fremdsprachen u.a.
Auch unter den Fremdsprachen gibt es eine gewisse Hierarchie: Französisch und Englisch kommen an erster Stelle, dann kommen erst Spanisch, Deutsch und Russisch.
Deutsch ist in der Regel ein unbeliebtes, gefürchtetes Fach, denn sozial fremd, unbekannt, hierzulande nicht traditionsreich wie Französisch, auch nicht international wie Englisch, obwohl das Image des Deutschen musterhaft ist.[2]
Die Motivation unserer Studenten ist also zweifellos nicht optimal.
Wir Lehrer müssen uns stets bemühen, diese Motivation zu schaffen, was mit Sicherheit nicht immer gelingt, zumal die meisten Studierenden mit einer sehr lückenhaften Allgemeinbildung zur Universität kommen. Ihnen fehlen aber meistens die Bezugspunkte sowohl zur eigenen Geschichte als auch zur europäischen Kultur. Der Kenntnisstand ist äußerst chaotisch und unterschiedlich. Man stellt deutlich fest. Dass sie dem Auswendiglernen (demzufolge dem schnellen Vergessen) gewöhnt bzw.

---

[2] Vgl. K. El Korso : Die Situation der Fremdsprachen in Algerien, in Sprachpolitik DaF, Hrg. von Albert Raasch, S.9

unterworfen sind. Wir sehen es als unsere Aufgabe, die jungen algerischen Studenten, die die europäische Sprache „Deutsch" lernen, mit den europäischen kulturgeschichtlichen Zusammenhängen vertraut zu machen, in die geschichtlichen Voraussetzungen der europäischen Kultur einzuführen, zur Erweiterung ihrer Kulturhorizonte über den eigenen Raum hinaus, doch ohne Assimilation an das Fremde, ohne Entfremdung, sondern bei Bewahrung der eigenen Identität, der eigenen Authentizität.

Studieninhalt mit Wochenstundenzahl

Man geht davon aus dass, die zum Studium an der „Filière d'allemand" zugelassenen Abiturienten in der Gymnasialzeit die deutsche Sprache nicht oder wenig gelernt haben, so wird offenkündig, dass der Deutschunterricht zunächst mit der Vermittlung von Grammatik und Wortschatz, sowie der Entwicklung der der verschiedenen Fertigkeiten beginnt. Die Lehrbücher, die dabei benutzt werden sind: Lagune Kursbuch und Arbeitsbuch, Deutsch als Fremdsprache (ein Lehrwerk, das von **Langenscheidt** genehmigt und in Oran veröffentlicht ist) und Phonetik[3] ein Lehrwerk, das auch in Oran Veröffentlicht ist und von Nativspeakers auf CDs aufgenommen ist.

Im Folgenden ein allgemeiner Überblick über den Lehrplan der drei Jahre für die Erlangung des Lizenzdiploms:

1. Der Grundkurs

1.Studienjahr
Erstes und zweites Semester

Matière/Fächer	Stundenzahl	Koeffizient	Kredit
Schriftlicher Ausdruck	4 Std. 30 Mn	4	6
Mündlicher Ausdruck	3 Std.	2	4
Grammatik	3 Std.	2	4
Phonetik	1 Std. 30 Mn	1	2
Einführung in die Linguistik	1 Std. 30 Mn	1	2
Einführung in die Literatur	1 Std. 30 Mn	1	2
Kultur/Landeskunde	1 Std. 30 Mn	1	2
Wissenschaftliche Arbeitstechniken	3 Std.	1	4
Humanwissenschaften in arabischer Sprache	1 Std. 30 Mn	1	2
2.Fremdsprache	1 Std. 30 Mn	1	2
Gesamtstunden/Woche	**22 Std. 30**	**15**	**30**

---

[3] LAROS ist eine Forschungsstelle in Oran, die damit beschäftigt, Lehrwerke in verschiedenen Sprachen zu Veröffentlichen.

1.Studienjahr
Dritttes und vierites Semester

Matière/Fächer	Stundenzahl	Koeffizient	Kredit
Schriftlicher Ausdruck	3 Std.	2	3
Mündlicher Ausdruck	3 Std.	2	3
Grammatik	1 Std.	2	2
Lexiko-Semantik	3 Std.	2	1
Linguistik	1 Std. 30 Mn	1	2
Phonologie	1 Std. 30 Mn	2	1
Landeskunde	1 Std. 30 Mn	2	2
Literatur	1 Std. 30 Mn	2	2
Einführung in die Wissenschaften	3 Std.	4	5
Methodologie	1 Std. 30 Mn	3	3
Übersetzung	1 Std. 30 Mn	1	2
2.Fremdsprache	1 Std. 30 Mn	2	3
Kommunikationswissenschaft	1 Std. 30 Mn	1	1
Gesamtstunden/Woche	**25 Std.**	**26**	**30**

Nachdem der Student vier Semester absolviert hat, muss er ab dem fünften Semester einen Studiengang wählen. Es gibt eigentlich drei Studiengänge nämlich Didaktik, Literatur/Landeskunde und Linguistik.

A1/Didaktik
Fünftes und sechstes Semester

Matière/Fächer	Stundenzahl	Koeffizient	Kredit
Schriftlicher Ausdruck	3 Std.	2	2
Mündlicher Ausdruck	2 Std.	2	2
Didaktik	4 Std.	4	4
DaF	4 Std.	4	4
Erziehungswissenschaft	3 Std.	3	3
Spracherwerbsverfahren	1 Std.	2	2
Pragmatik und Semiotik	2 Std.	2	3
Methodologie	3 Std.	3	5
Angewandte Informatik	3 Std.	Nur ein Fach	5
2.Fremdsprache	3 Std.	zur Wahl 5	
Gesamtstunden/Woche	**28 Std.**	**22**	**30**

B1/Literatur und Landeskunde
Fünftes und sechstes Semester

Matière/Fächer	Stundenzahl	Koeffizient	Kredit
Einführung in die literarische Texte	4 Std.	2.5	2.5
Mündliche Literatur	4 Std.	2.5	2.5
Schriftliche Literatur	1Std. 30	3	3
Landeskunde	4 Std.	5	5
Literarische Gattungen	4 Std.	5	5
Literaturtheorie	1Std. 30	2	2
Methodologie	3 Std.	5	5
Erziehungswissenschaft	3 Std.	Nur ein Fach zur	5
Angewandte Informatik		Wahl 5	
Gesamtstunden/Woche	**25 Std.**	**30**	**30**

5

A2/Master Didaktik
erstes Semester

Matière/Fächer	Stundenzahl	Koeffizient	Kredit
Linguistik	3 Std.	3	3
Soziolinguistik	3 Std.	4	5
Didaktik	3 Std.	4	5
Neue Forschungen in der Didaktik	3 Std.	4	4
Methodologie	3 Std.	2	3
Wissenschaftlicher Lexik	1 Std. 30	2	2
Fachsprache	4 Std.	4	5
Allgemeine Kultur	1 Std. 30	4	3
Gesamtstunden/Woche	**22 Std.**	**27**	**30**

A2/Master Didaktik
zweites Semester

Matière/Fächer	Stundenzahl	Koeffizient	Kredit
Diskursanalyse	3 Std.	3	3
Lexikologie und Lexikographie	3 Std.	4	5
Analyse der didaktische Mittel	3 Std.	4	5
Projektpädagogik	3 Std.	4	4
Methodologie	1 Std. 30	2	3
Kontrastive Linguistik	1 Std. 30	2	2
Multimedia	3 Std.	4	5
Informatik	3 Std.	4	3
Gesamtstunden/Woche	**21 Std.**	**27**	**30**

A2/Master Didaktik
drittes Semester

Matière/Fächer	Stundenzahl	Koeffizient	Kredit
Kognitive Linguistik	3 Std.	3	3
Kultursemiotik	3 Std.	4	5
Literaturdidaktik	3 Std.	4	5
Didaktik der Landeskunde	3 Std.	4	4
Linguistik des Korpus	1 Std. 30	2	3
Methodologie	1 Std. 30	2	2
Automatische Behandlung des Sprachaktes	3 Std.	4	5
Informatik	3 Std.	4	3
Gesamtstunden/Woche	**21 Std.**	**27**	**30**

B2/Master Literatur und Landeskunde
erstes Semester

Matière/Fächer	Stundenzahl	Koeffizient	Kredit
Literatur	3 Std.	3	5
Landeskunde	3 Std.	3	5
Didaktik	1 Std. 30	2	5
Didaktik des DaF	1 Std. 30	2	5
Methodologie	1 Std. 30	1	4
Fachsprache	1 Std. 30	1	4
Übersetzung	1 Std. 30	1	1
Kunst	1 Std. 30	1	1
Gesamtstunden/Woche	**15 Std.**	**14**	**30**

B2/ Master Literatur und Landeskunde
zweites Semester

Matière/Fächer	Stundenzahl	Koeffizient	Kredit
Literaturkritik	3 Std.	3	5
Schriftlicher Ausdruck	3 Std.	3	5
Literaturtheorie	1 Std. 30	2	5
Didaktik der Landeskunde	1 Std. 30	2	5
Methodologie	1 Std. 30	1	4
Analyse der didaktischen Mittel	1 Std. 30	1	4
Informatik	1 Std. 30	1	1
Zweite Fremdsprache	1 Std. 30	1	1
Gesamtstunden/Woche	**15 Std.**	**14**	**30**

B2/ Master Literatur und Landeskunde
Drittes Semester

Matière/Fächer	Stundenzahl	Koeffizient	Kredit
Literatur und Landeskunde des Mittelalters	3 Std.	3	5
Aktuelle deutsche Literatur und Landeskunde	3 Std.	3	5
Literaturdidaktik	3 Std.	3	5
Didaktik der Landeskunde	3 Std.	3	5
Forschungsmethoden	1 Std. 30	2	4
Informatik	1 Std. 30	2	4
Linguistik	1 Std. 30	1	1
Zweite Fremdsprache	1 Std. 30	1	1
Gesamtstunden/Woche	**18 Std.**	**18**	**30**

C1/ Master Geschichte der Linguistik
Erstes Semester

Matière/Fächer	Stundenzahl	Koeffizient	Kredit
Allgemeine Linguistik	3 Std.	3	3
Geschichte der allgemeinen Linguistik erster Teil	3 Std.	5	5
Geschichte der deutschen Sprache erster Teil	3 Std.	5	5
Anwendung der Soziolinguistik	3 Std.	4	4
Methodologie	3 Std.	4	4
Didaktik	1 Std. 30	4	4
Fachsprache	4 Std.	3	3
Allgemeine Kultur	1 Std. 30	2	2
Gesamtstunden/Woche	**22 Std.**	**30**	**30**

C1/ Master Geschichte der Linguistik
Zweites Semester

Matière/Fächer	Stundenzahl	Koeffizient	Kredit
Pragmatische Herangehen	3 Std.	5	5
Geschichte der allgemeinen Linguistik zweiter Teil	3 Std.	5	5
Geschichte der deutschen Sprache zweiter Teil	3 Std.	4	4
Lexikologie und Lexikographie	3 Std.	3	3
Forschungsmethoden	2 Std. 30	4	4
Projektpädagogik	2 Std. 30	4	4
Multimedia	1 Std. 30	2	2
Informatik	2 Std. 30	3	3
Gesamtstunden/Woche	**21 Std.**	**30**	**30**

Das Masterstudium besteht aus vier Semestern. Das erste und das zweite bilden das Master I, das dritte und das vierte bilden den Master II.

Das vierte Semester ist der Vorbereitung der Masterabschlussarbeit gewidmet.
Der Master Linguistik wurde erst während des Universitätsjahres eröffnet, deswegen findet man noch nicht das dritte und das vierte Semester.

Schluss

Diese skizzierten Programme weisen auf das Ziel hin, unsere Studenten am Ende des Studiums soweit gebracht zu haben, dass sie dazu befähigt werden, Strukturen und Funktionen der deutschen Sprache zu beherrschen, zu vermitteln, und dass sie eigene Forschungsarbeiten auf dem Gebiet der Germanistik leisten.

Die Verbreitung des Deutschunterrichts fördern wir in Algerien etwa als 2. Fremdsprache im Institut für Islamische Wissenschaft seit Februar 1998 oder CEIL[4] seit

---

[4] CEIL : Centre de l'Enseignement Intensif des Langues (Zentrum für intensive Sprachkurse gehört zum öffentlichen Hochschulwesen. Die Lernenden sind Studenten aus allen anderen Fakultäten (Medizin, Soziologie etc...)

Jahren. Auch einige Privatschulen bieten Deutschkurs für Anfänger. Dies wird als gute Initiative betrachtet, unsere Absolventen teilweise im Berufsfeld „Deutschlehrer" zu absorbieren.

Über das Gesagte hinaus beschäftigen uns Fragen, die sicherlich alle Germanisten und „Dafisten" beschäftigen:

- Wie entwickelt sich der Stellenwert der deutschen Sprache international?
- Welche kulturellen Reflexionen der Lerner müssen wir einbeziehen?
- Was müssen wir berücksichtigen in einem Germanistikstudium in Bezug auf neue Informationsmedien?
- Welche Anforderungen bringt eine wissenschaftliche Beschäftigung mit dem Deutschen als Wissenschafts- oder Fachsprache (der Medizin, Technik, Verwaltung, Presse, Kultur usw...) mit sich?
- Welchen Beitrag kann die Literaturwissenschaft zu diesem Schwerpunkt leisten?[5]

---

[5] Die zwei letzten Fragen werden von einem deutschen Germanisten gestellt, der selber als DAAD-Lektor eine lange Erfahrung im Bereich der Auslandsgermanistik hat. Vgl. dazu Jochen Pleines, wozu Germanistik in Marokko, in: DAAD-Dokumentationen und Materialien, Tagungsbeiträge Germanistik im Maghreb, Hrg. von J. pleines, Bonn 1990, S. 48

BEI GRIN MACHT SICH IHR WISSEN BEZAHLT

- Wir veröffentlichen Ihre Hausarbeit,
  Bachelor- und Masterarbeit

- Ihr eigenes eBook und Buch -
  weltweit in allen wichtigen Shops

- Verdienen Sie an jedem Verkauf

Jetzt bei www.GRIN.com hochladen
und kostenlos publizieren